AF359623

FRAGMENS

COMPOSÉS DU PROLOGUE
ET D'UN EXTRAIT

DU CARNAVAL ET LA FOLIE;

DE L'ENJOUMENT,

ACTE DU BALLET DES GRACES,

ET DU TEMPLE DE GNIDE;

OU PRIX DE LA BEAUTÉ,

PASTORALE,

REPRÉSENTÉS

PAR L'ACADÉMIE ROYALE
DE MUSIQUE,

Le Jeudi 26 Février 1756.

PRIX XXX SOLS.

AUX DÉPENS DE L'ACADÉMIE.

A PARIS, Chez la V. DELORMEL & FILS, Imprimeur de ladite Académie, rue du Foin, à l'Image Ste. Geneviéve.

On trouvera des Livres de Paroles à la Salle de l'Opéra.

M. DCC. LVI.
AVEC APPROBATION ET PRIVILEGE DU ROI.

Les Paroles de feu Monsieur DE LAMOTTE.

La Musique de feu Monsieur DESTOUCHES.

ACTEURS CHANTANS.

Dans les Chœurs.

CÔTE' DU ROI.   CÔTE' DE LA REINE.

Mesdemoiselles.	*Messieurs.*	*Mesdemoiselles.*	*Messieurs.*
Larcher.	Lefebvre.	Rollet.	S. Martin.
Cazeau.	Le Page. C.	Daliere.	Gratin.
Le Tourneur	Le Roy.	Masson.	Le Mesle.
La Croix.	Vallet.	Gondré.	Pinart.
Sallaville.	l'Evêque.	Héry.	Albert.
	Selle.		l'Ecuyer.
Gaultier.	Roze.	Adelaïde.	Chapotin.
De S. Hilaire.	Robin.	Lachanterie	Favier.
			Feret.
Edmée.	Antheaume.	Dauger.	Du Perrier.
Hebert.	Parent.	Beyssac.	Laurent.
Vanhoff.		Dubois c.	Louatron.

A i

ACTEURS DU PROLOGUE.

JUPITER,	Mr Perſon.
VENUS,	Mlle Davaux.

LES DIEUX ET LES DE'ESSES.

PERSONNAGES DANSANS.
LES GRACES.

Mlles CHEVRIER, COUPPÉ, HIMBLOT.

JEUX ET PLAISIRS.

Mr HYACINTE, Mlle CARVILLE·

Mrs Beat, Bertrin, Trupty, Galodier.

Mlles Grenier, Morel, Chomar, Camille.

PROLOGUE.

*Le Théâtre repréſente les Cieux, où les Dieux ſont
en feſtin.*

JUPITER ET VENUS, alternativement
avec le CHŒUR, *en ſe faiſant ſervir le Nectar.*

QU'A nos vœux ici tout réponde :
Verſez - nous, verſez - nous la céleſte
    liqueur.
Verſez, que le Nectar enchante notre cœur,
    Qu'il y porte une paix profonde.

JUPITER.

C'eſt aſſez de Nectar ; Amour, viens par tes feux,
Achever de nous rendre heureux.

Que l'on chante ici , que l'on danſe ,
Livrons-nous à tous nos deſirs ;
Sur notre puiſſance
Reglons nos plaiſirs.

On danſe.

V E N U S.

Regnez , Amour , regnez , raſſemblez vos attraits ,
Triomphez , ſur nos cœurs étendez votre empire.

C H Œ U R.

Triomphez , ſur nos cœurs étendez votre empire.

V E N U S & J U P I T E R.

Mais , qu'à ſon gré , chacun ſoupire ;
Laiſſez-nous le choix de vos traits.

L E C H Œ U R.

Triomphez , ſur nos cœurs étendez votre empire.

On danſe.

V E N U S.

Dieu d'amour , reſerve-nous tes charmes
C'eſt pour nos cœurs que tes plaiſirs ſont faits ;
Fais-nous ſans allarmes ,
Goûter leurs attraits.

Doux momens ,
Doux tranſports des Amans ,

Ne pouvez-nous naître
Qu'après les tourmens ?

Aimons tous ,
Tendre Amour , bleſſe-nous :
Qui peut craindre pour maître
Un vainqueur ſi doux ?
Tes biens trop aimables
Soht trop peu durables ,
Fixe-les pour nous.

On danſe.

VENUS alternativement avec le CHŒUR DES DÉESSES.

Viens , Amour , avec tous tes charmes ;
Que les jeux viennent ſur tes pas ,
Nous aimons tes douces allarmes ,

Tes chaînes, tes feux ſont remplis d'appas ;
Prends tes traits , prépare tes armes ,
Et viens te venger des cœurs qui n'aiment pas.

On danſe.

LE CHŒUR DES DIEUX.

Allez , Amours , conduiſez-nous ;
Sous divers changemens , trompons les yeux jaloux.

FIN DU PROLOGUE.

ACTEURS DU BALLET.

LA FOLIE, *Fille de* PLUTUS.

    & de la JEUNESSE.   Mlle Chevalier.

LE CARNAVAL.   M^r^ ~~Cuvilier.~~ *Gelin*

MOMUS.   M^r^ ~~Gelin.~~ *Cuvilier*

Suite de PLUTUS *& de la* JEUNESSE.

LE CHEF DES MATELOTS. Mr Selle.

MATELOTS.

LE PROFESSEUR DE FOLIE. Mr de la Tour.

UN MUSICIEN ECOLIER. M. Poirier.

UN POETE.   Mr Selle.

LE FLEUVE LÉTHÉ.

PEUPLES DIVERS MASQUE'S.

ACTE PREMIER.

PERSONNAGES DANSANS.

MATELOTS.

Mr LANY,   Mlle LANY,

Mr BEAT,   Mlle DUMIRAY,

Mrs Feuillade, Trupty, Galodier, Veſtris, c.

Mlles Chomar, Deſchamps, Grenier, Armand.

ACTE II.
PERSONNAGES DANSANS.

METASSINS.

Mˡˡᵉ PUVIGNÉE.

Mˢ Dupré, Defplaces, Henry, Bertrin,
Mˡˡᵉˢ Courcelles, Marquife, Maupin, Fleury,

ÉCOLIERS ESPAGNOLS.

Mˢ Dubois, Veftris, c.

Mˡˡᵉˢ Couppé, Himblot,

SUIVANNTS DE LA FOLIE.

Polichinel. Mʳ Hyacinte. *Colombine.* Mˡᵉ Chevrier.
Arlequin. Mʳ Beat. *Arlequine.* Mˡˡᵉ Reix.
Mezetin. Mʳ Gaillini. *Mezetine.* Mˡˡᵉ Riquet.
Pantalon. Mʳ Lelievre. *Venitiennes.* Mˡˡᵉ Chomard.

ACTE I.

Le théâtre repréſente une campagne fertile. On voit ſur le devant d'un des côtés du Théâtre, LE FLEUVE LÉTHÉ endormi ſur ſon urne, & au fonds, la mer.

SCENE PREMIERE.

LE CARNAVAL.

SOUS les loix de l'Hymen je me range
    ſans peine,
Mon cœur y trouve des appas.
Dieu du vin, n'en murmure pas,
Tu dois t'applaudir de ma chaîne.
Les doux plaiſirs qu'il prépare pour moi,
    Metront le comble à ta victoire;
Les fruits de mon hymen ne naîtront que pour toi;
    Bacchus, je les voue à ta gloire.

B

SCÈNE IV.

SILENE, ÉGIPANS, SATIRES,
BACCHANTES, HÉGÉMONE.

LE CHŒUR.

QUe mille chants divers
Éclatent & percent les airs :
Qu'ils troublent le repos du féjour du tonnerre.
Échos, éveillés-vous, répétés nos concerts ;
Annoncés un Maître à la terre.

SILENE, à HÉGÉMONE.

Cette troupe, toûjours rïante,
Partage les tranfports du dieu qui la conduit :
Il foûpire pour vous, votre beauté l'enchante ;
Vous rendés encor plus brillante
La vive gaîté qui le fuit.

(On danfe.)

SILENE, à HÉGÉMONE.

Dans le bel âge
Faites ufage
De jours
Trop courts.

LA FOLIE.

Non , non, apprenez une fois
A connoître mieux la Folie ;
Je ne suis point soumise aux loix
De ceux qui m'ont donné la vie ,
Le contraire de leur envie ,
Détermine toujours mon choix.

LE CARNAVAL.

Sont-ce là les plaisirs où l'hymen me convie !

LA FOLIE.

Cet hymen , ces plaisirs ne sont plus de saison.

LE CARNAVAL.

Quoi! Vous changez, perfide! Et par quelle injustice ?

LA FOLIE.

Je vous aimois sans raison ,
Et je change par caprice.

LE CARNAVAL.

Ciel , me reserviez-vous à ce cruel supplice.

LA FOLIE.

J'entends votre cœur soupirer
De l'excès de votre martyre ?
Goutez , si vous voulez , le plaisir d'en pleurer ;
Mais , laissez-moi celui d'en rire.

B ij

LE CARNAVAL.

Non, non, n'espérez pas jouir de mes douleurs.

LA FOLIE.

Ne cachez point les allarmes
Que vous causent mes rigueurs :
Versez du moins quelque pleurs,
Pour la gloire de mes charmes.

LE CARNAVAL.

Non, non, n'esperez pas jouir de mes douleurs.
Je dégage mon cœur, & je vous rends le vôtre ,
Ce n'est plus qu'au dépit que je veux me livrer.
Amour , cesse de m'assurer
Que nous étions faits l'un pour l'autre.

LA FOLIE.

Vous pouvez éprouver le charme
Des ondes dont ce fleuve arrose ces côteaux :
Ne croyez pas que votre oubli m'allarme ,
Ma beauté me promet mille esclaves nouveaux.

LE CARNAVAL.

Vous serez contente , inhumaine ,
J'éteindrai tous les feux dont mon cœur est rempli;
Indigne d'amour & de haine ,
Vous ne meritez que l'oubli.

Fuyons, souffrons enfin que la raison me guide.
Je vais loin de vos yeux briser d'indignes fers :
Je vais entre nous deux, perfide,
Mettre tout l'espace des mers.

LA FOLIE.
Ah ! N'ayons pas l'affront que l'on me quitte.
Neptune, tu me dois l'hommage des mortels ;
C'est moi qui par leurs mains ai dressé tes autels,
Refuse ton onde à sa fuite.
La mer se souleve & les vents grondent.
LA FOLIE.
Vous voyez mon pouvoir ; tous les vents furieux
Ont troublé le repos de l'onde,
La terre tremble, le ciel gronde,
Les flots s'élevent jusqu'aux cieux.
CHŒUR de gens qui font naufrage.
Ciel ! Juste ciel !
LA FOLIE.
Quels malheureux périssent ?
CHŒUR derriere le Théâtre.
Mille abîmes profonds s'offrent à nos regards ;
Les ondes & la mort entrent de toutes parts :
Dieux ! O Dieux ! Que nos cris, que nos vœux
vous fléchissent !
Plusieurs Matelots descendent d'un vaisseau échoué.

SCENE III.

LA FOLIE, LE CARNAVAL,
LE CHEF DES MATELOTS,
ET LES CHŒURS.

LA FOLIE au CARNAVAL.

CE font mes favoris que vous voyez venir ;
L'orage fur ces bords les contraint de defcendre :
Ne vous éloignez pas, ils pourront vous apprendre
A perdre un trifte fouvenir.

LE CHEF DES MATELOTS.

Nos compagnons victimes de l'orage,
Ont fouffert à nos yeux un trépas plein d'horreurs ;
Privés au fond des eaux des funebres honneurs,
Leurs mânes vont errer fur le fatal rivage :
Ne nous expofons plus à de pareils malheurs.

CHŒURS.

Que les vents, loin de nous, exercent leur ravage ;
Evitons à jamais les écueils & l'orage :

On danfe.

BALLET.

LE CHEF DES MATELOTS,

ET LE **C***HŒUR.*

Embarquons-nous , tout rit à nos défirs.
Le vent propice nous feconde ,
La fortune & tous les plaifirs.
Nous attendent au bout du monde.

LA FOLIE.

Arrêtez , ingrats , arrêtez ;
Et du moins en partant, rendez-moi votre hommage.
C'eft moi qui trace l'image
Des biens & des plaifirs que vous vous promettez ,
Et votre efpoir eft mon ouvrage.
Arrêtez, ingrats , arrêtez ,
Et du moins en partant, rendez-moi votre hommage.

*Les matelots lui rendent leur hommage. Elle les touche de
fa marotte ; ce qui leur donne une nouvelle ardeur.*

On danfe.

LA FOLIE.

L'orage en amour préfage un doux fort ,
Le plus cher des plaifirs vous attend au port,

Un beau jour s'apprête ,
Tout fert vos defirs ;
Voyez la tempête
Céder aux zéphirs.

L'orage en amour préfage un doux fort ,
Le plus cher des plaifirs vous attend au port.
Paffez au rivage
L'hyver de vos ans ,
Craignez moins l'orage
Dans votre printems ;
Voguez en paix, & bravez la rage
Des flots & des vents.

L'orage en amour préfage un doux fort ,
Le plus cher des plaifirs vous attend au port.

On danfe.

LA FOLIE ET LE CHŒUR.

Vents qui ne troublez point les flots
Regnez fur les humides plaines :
Fuyez, vents orageux , laiffez l'onde en repos ;
Éole, refferre leurs chaînes.

Les Matelots fe rembarquent.

SCENE

SCENE IV.
LE CARNAVAL ET LA FOLIE.

LE CARNAVAL.

LA raiſon contre vous n'a que de foibles armes,
Je ne puis vaincre mon ardeur ;
Les efforts que je fais pour oublier vos charmes,
Les gravent encor mieux dans le fond de mon cœur,
Il eſt tems qu'à mes feux votre caprice céde,
Commencez mes plaiſirs, & terminez mes maux.

LA FOLIE.

Je vous laiſſe avec le remede,
Vos yeux vous ont appris le pouvoir de ces eaux.

C

SCENE V.

LE CARNAVAL.

Oui , cruelle , il eſt tems que mon dépit éclate :
Puiſons ici l'oubli de mes folles amours ;
    Mais non , pour oublier l'ingrate ,
    Le vin eſt le plus ſûr ſecours.

    Éteins mes feux , briſe ma chaîne ;
    Dieu du vin , guéri ma langueur :
Verſe , verſe à longs traits ta charmante liqueur ;
    Et pour me venger de ma peine ,
    Viens noyer l'amour dans mon cœur.

Je vais chercher Momus ; je veux qu'à taſſe pleine ,
Il m'aide à triompher de mon indigne ardeur.

Bacchus , rends aujourd'hui ma victoire certaine
Verſe , verſe à longs traits ta charmante liqueur ;
    Et pour me venger de ma peine ,
    Viens noyer l'Amour dans mon cœur.

FIN DU PREMIER ACTE.

ACTE II.

Le Théâtre repréfente le Palais de la F O L I E.

SCENE PREMIERE.

M O M U S.

De nouveaux tranſports mon ami s'aban-
.donne ;
La table & mes conſeils n'ont pû l'en
garentir ,
Pour ſervir ſon amour il m'en a fait ſortir.
Du moins dans l'emploi qu'il me donne,
Cherchons de quoi m'en divertir.

Mais , la Déeſſe vient.

C ij

SCENE II.

MOMUS, LA FOLIE.

MOMUS.

Cruelle, à quel tourment
Avez-vous livré votre Amant!
Ce n'est plus cet aimable maître
Qui sçavoit nous instruire à noyer nos chagrins :
Au milieu même des festins,
Il sent son désespoir s'accroître ;
Le verre lui tombe des mains,
L'Univers va le méconnoître.

LA FOLIE.

Quoi ! Momus.....

MOMUS.

Votre trahison
L'a mis dans un trouble effroyable.

LA FOLIE.

Ah ! S'il en perdoit la raison ;
Que je le trouverois aimable !

MOMUS.

Si pour vous sa folie est un charme si doux,
Il est depuis long-tems digne de votre flâme :
Le jour qu'il soupira pour vous,
La raison sortit de son ame.

LA FOLIE.

Ceffez donc de plaindre des feux
Qui l'ont débarraffé d'une raifon cruelle :
N'eft-il pas encor trop heureux,
D'être délivre d'elle ?

MOMUS.

Infultez-vous encor à fon trouble amoureux ?

LA FOLIE.

La raifon pour un cœur n'eft qu'un bien rigoureux,
Et fa perte eft un doux dommage ;
Vous-même, feriez-vous heureux,
Si vous êtiez plus fage ?

MOMUS.

Quittons des détours fuperflus,
C'eft affez éprouver votre ame :
Si vous m'aviez paru trop fenfible à fa flâme,
Je vous aurois caché qu'il ne vous aime plus.

LA FOLIE.

Quoi !

MOMUS.

De fon cœur l'amour n'eft plus le maître,
Ces eaux que vous même....

LA FOLIE.

Ah ! Le traître !

MOMUS.

Elles ont fini fon tourment.

LA FOLIE.

Juſte ciel! Puis-je croire un ſi grand changement?

MOMUS.

L'oubli ſuccéde aux feux que vous aviez fait naître;
Affranchis déſormais d'amour & de chagrin,
Nous pourrons du ſoir au matin,
Boire à longs traits, chanter & rire :
Belles, le verre en main, nous braverons vos coups,
Et nous ne ſongerons à vous,
Que pour le plaiſir d'en médire.

LA FOLIE.

C'en eſt donc fait, tu n'es plus ſous ma loi,
Ingrat, tous tes ſermens ſont autant de parjures;
Si j'avois outragé ta foi,
Qui t'empêchoit, cruel, d'éclater en murmures ?
Il falloit m'accabler d'injures,
C'auroit été du moins te ſouvenir de moi.

Je ne me connois plus dans ma douleur profonde;
Que tout ſente avec moi mes déplaiſirs cruels;
Abandonnons le ſoin du monde,
A la triſte raiſon livrons tous les mortels.
Déchirons, déchirons le voile ſalutaire
Qu'audevant de leurs yeux je déployois toujours;
Et que privés de mon ſecours,
Ils ſentent comme moi, l'excès de leur miſere.

Elle jette ſa marotte.

Vous, allez sceptre vain , dont j'impose mes loix,
Vous n'êtes plus pour moi qu'un inutile poids ;
Que sert tout cet éclat, que sert mon rang suprême ,
Quand l'ingrat que j'aimois m'ose sacrifier ?
Ah ! Puisqu'il a pû m'oublier ,
Je voudrois m'oublier moi-même !

Elle se laisse tomber.

M O M U S.

Prenant la marotte de la Folie.

Cet ornement peut servir mes desirs ;
Mais , j'ai pitié du trouble où son ame se livre.
Vous, qu'elle a choisis pour la suivre ,
Venez, & par vos chants calmez ses déplaisirs.

S C E N E III.

MOMUS, LA FOLIE, & sa Suite

qui arrive en dansant.

CHŒUR *des Suivantes de la* FOLIE.

Craignez de vous faire
Un triste destin ;
Si vous voulez plaire ,
Chassez le chagrin :

Dès que l'on s'y livre,
On perd ses appas ;
Eh , qui voudroit suivre
Désormais vos pas ?
Est-il doux de vivre ,
Quand on ne plaît pas ?

On danse

L A F O L I E se relevant.

Quoi ! Je verrois mes attraits s'effacer ?
Non, non, à ma douleur j'aime mieux renoncer!

L A F O L I E E T L E C H Œ U R.

Qu'en ces lieux chacun chante ;
Que l'écho chante avec nous.

Tout nous rit , tout nous enchante ;
Goûtons les biens les plus doux.

Heureux un cœur qui s'oublie !
Devenons encor plus foux ;
De notre aimable folie ,
Rendons les sages jaloux.

*Le fond du Théâtre s'ouvre , & laisse voir un salon
rempli de Musiciens , auxquels un Maître de Musique bat la mesure : il paroît en même tems un
Professeur de F o l i e , suivi de plusieurs
Ecoliers.*

LE

LE PROFESSEUR DE FOLIE.

*S*On *Profeſſor di pazzia,*
Volate, Scholari,
Sarete Dottori,
Nell'arte d'all'egria.

LE CHŒUR de la ſuite de la FOLIE, repete

Volate, &c.

LE PROFESSEUR, donnant un papier
de muſique à un Muſicien.

Cantate, cantate.

Il chante avec l'Ecolier.

Amoroſi, ſoſpiri
Son, il canto di cuori.

LE PROFESSEUR.

E la prima lettione :
La ſecunda, Ballate.

Un Danſeur & une Danſeuſe, danſent autour de lui.

LE PROFESSEUR, à un Poëte.

La terza, Rimate.

LE POETE, en rêvant.

L'Ardore,
D'Amore.

LE PROFESSEUR.
Bene, bene.

D

LE POETE.

L'Ardore ,
D'Amore . . . .
E goia d'el cuore.

LE PROFESSEUR.

Bene , bene , bene.
Cantate , Ballate , Rimate:
E d'ella pazzia la perfettione.

LE CHŒUR repete *Cantate ,* &c.

On danse.

LA FOLIE.

Venez porter ailleurs votre réjouiſſance ,
Le changement de lieux plaît à mon inconſtance.

FIN DU CARNAVAL ET LA FOLIE.

L'ENJOUMENT.

TROISIÈME ENTRÉE

DU BALLET

DES GRACES.

Les Paroles de Monsieur *R O Y*, Chevalier de
l'Ordre de Saint Michel.

La Musique de feu Monsieur *M O U R E T*.

S U J E T.

DERCYLIS est connue dans l'Antiquité par le Roman d'Antonius Diogenes, dont parle Moreri, Lettre R. au mot Romans & par l'Eprigramme de l'Anthologie Liv. 7. où elle est appellée la dixiéme Muse & la quatriéme Grace. Son enjoüment lui mérita cet éloge, qui marque assez combien c'étoit une personne célebre. Comme le lieu de sa naissance n'est point déterminé, on a cru pouvoir lui choisir une Patrie. Le Pays le plus assorti à son humeur est celui des Tyrinthiens, Peuples du Peloponese, voisins d'Argos, & dont la gayeté fut poussée à un tel excès qu'elle devint une maladie, que les Dieux même ne purent guérir. On sçait que cette Nation tomba sous la domination des Romains.

Le prodige qu'opere Venus mere des ris, en faveur de l'enjoüée Dercylis, n'a rien de plus incroyable que celui dont Cybele honora la Vestale Claudia; les circonstances sont pareilles. La Statue de Cybele arrivoit de Pessinunte, Ville de Phrygie. Elle étoit entrée dans le Tybre, mais le Vaisseau n'avançoit point malgré l'effort des Rameurs, lorsque la priere de la Vestale, & sa ceinture jettée à la Proüe, attirerent le Vaisseau sur le Rivage. Cet événement aussi salutaire pour Claudia, que mémorable parmi les Romains, est expliqué dans Ovide, Liv. 4. des Fastes. On voit un pareil prodige dans le dixiéme & dernier Livre de la Lusiade, Poëme Portugais, Le miracle que fait ici Venus, Déesse aussi puissante que Cybele, procure la liberté à une Captive illustre, & la rend digne d'épouser VALERE.

TEXTE.

Nos hilarem populum fœmina Læta capit.

Ovid. Art. Amat. 3.

IMITATION

L'enjoüment rend toujours la Beauté plus piquante :
Il donne l'essor aux attraits ;
Et lorsque l'Amour rit dans les yeux de l'Amante,
Il n'a plus besoin d'autres traits.

ACTEURS.

DERCYLIS, *Esclave Tyrin-thienne.* Mlle Jacquet.

VALERE, *Chevalier Romain,* Mr Larivée.

MYSIS, *Tyrinthienne, Compagne de Dercylis,* Mlle Dubois.

CHŒUR DE TYRINTHIENS.

CHŒUR DE ROMAINS.

PERSONNAGES DANSANS.

TYRINTHIENS.

Mr VESTRIS,

Mlle REIX,

Mr Dubois, Mlle Riquet,

Mrs Feuillade, Trupty, Galodier, Bertrin.

Mlles Morel, Chomar, Armand, Camille.

L'ENJOUMENT.

Le Théâtre repréfente la Campagne de Rome, on voit le Tybre dans l'eloignement.

SCENE PREMIERE.
DERCYLIS.

Ouiſſons toujours des fleurs
Que le Printemps fait éclore ;
Sans compter combien de pleurs
Leur éclat coute à l'Aurore.

Le Ciel fait-il un beau jour,
Hàtons-nous d'en faire uſage :
Se couvre-t'il d'un nuage,
Soleil, de ton doux retour

L'esperance nous soulage.

Tranquille dans l'esclavage,
Mon cœur est en liberté ;
C'est le bien qui m'est resté,
Mon bonheur est mon ouvrage.
Jouissons, &c.

SCENE II
DERCYLIS, MYSIS;

MYSIS.

Aimable Dercylis, courons sur le rivage :
De superbes apprêts à nos yeux sont offerts :
Corinthe de Venus envoye ici l'image ;
Ce trésor précieux a traversé les Mers,
Il entre dans le Tibre, & de tout l'univers,
     Rome lui présente l'hommage.
Des plus riches présens les autels sont couverts ;
Un nuage d'encens s'éleve dans les airs ;
Les danses, les transports d'une vive jeunesse,
L'éclat d'un si beau jour, les plus tendres concerts,
Tout flate également le Peuple, & la Déesse.

DERCYLIS,
Le Ciel veut-il de nous, ces soins tumultueux.
Quand sous le voile d'un beau zele

Le

Le Peuple vient chercher les Jeux,
C'eſt moins la gloire des Dieux
Que le plaiſir qui l'appelle.
MYSIS.
Le plaiſir eſt pour nous & l'Encens eſt pour eux.

DERCYLIS.

De trop de ſoins & de peine,
Vous achetez le plaiſir,
Il fuit qui veut le ſaiſir,
Souvent la recherche eſt vaine :
Moy qui ne le cherche pas,
Je le trouve ſous mes pas.
MYSIS.

Contre la Fortune ennemie
L'Enjoument eſt notre appuy :
Tout ce qu'on derobe à l'ennuy
Eſt autant de momens ajoûtez à la vie.
DERCYLIS.

Sur mon ſort autrefois l'Oracle conſulté
M'apprit qu'à mon bonheur le ciel mettroit obſtacle
Et que je ne pourrois obtenir ſans miracle
Le retour de ma liberté.
J'attens avec tranquillité.

ENSEMBLE.
Redoublons notre allegreſſe,

E

En l'inspirant à tous les cœurs :
Qu'à nous imiter tout s'empresse,
Donnons des loix à nos vainqueurs.
MYSIS.
Mais n'imposez-vous point d'autres loix à Valere?
Cet illustre Romain assidu sur vos pas,
Connoît le prix de vos appas,
Et son entretien sçait vous plaire.
DERCYLIS.
Il me dit que dans ce séjour
Du Dieu des cœurs l'empire dégenere :
Sur les défauts des belles il m'éclaire,
Et sur ceux des Amans je l'éclaire à mon tour.
MYSIS.
Dans ses discours j'entrevois du mystere ;
Contre l'Amour il parle tendrement.
Il vous aime, c'est vainement
Que vous prétendez me le taire.
Vangerez-vous nos fers par son tourment?
DERCYLIS.
Je suis captive, peux tu croire
Que ce fier Conquerant devienne mon Epoux?
Croit-il que je lui cede une indigne victoire ?
Non, l'Amour n'est pas fait pour nous.
Mysis en vains discours trop long-temps je t'arrête,
Et tu peux aller voir la Fête.

SCENE III.

DERCYLIS.

FUy redoutable Amour, emporte loin de moy
Tes charmes seduisants, tes dangereuses flâmes:

Le plaisir t'annonce à nos ames,
Et le chagrin vole après toy :

Fuy redoutable Amour, emporte loin de moy
Tes charmes séduisants, tes dangereuses flâmes.

Eloignons-nous, Valere ici s'avance.
Quoi fuir! c'est lui montrer que je crains ses discours:

Demeurons : s'il rompt le silence,
Je l'y condamne pour toujours.

SCENE IV.

DERCYLIS, VALERE.

VALERE.

LEs Romains à Venus envain marquent leur zele,
Un prodige inouy change en pleurs nos transports:
Le Vaisseau triomphant, qui conduit l'Immortelle,
S'arrête tout à coup, il brave nos efforts ;

Et l'Onde immobile & rebelle
Le repousse loin de nos bords.

E ij

DERCYLIS.

Venus parle par ce préfage ;
Vôtre encens lui déplaît, elle lit dans vos cœurs :
Ils ne lui rendent pas ce pur, ce tendre hommage,
Qui fur les vrais Amans attire fes faveurs.

De l'Amour dans cet Empire
Tout empoifonne les traits,
De l'Amour dans cet Empire
Tout ignore les attraits :

Des jaloux le noir délire,
Les éclats des indifcrets,
L'inconftance qui déchire
Les nœuds même qu'elle a faits,

De l'Amour, &c.

VALERE.

Au courroux de Venus j'abandonne fans peine
Tous ces Amans indignes d'être heureux ;
Que l'Amour rejette leurs vœux,
Qu'il appefantifle leurs chaînes :
Mais parmi tant de cœurs Dercylis, croyez-vous
Qu'il n'en foit pas un feul digne d'un fort plus doux ?

DERCYLIS.

Pour mon repos j'aime à le croire.

VALERE.

Croyez qu'à mille objets l'Amour ferme nos yeux,

Pour mieux affurer fa victoire,
Et pour nous referver un choix plus glorieux.
Mon cœur depuis l'ong-tems s'étoit formé l'image
Du véritable objet de ma felicité ;
Au gré de mes defirs j'y voyois l'affemblage
        De la douceur, de la vivacité ;
Charmes plus féduifans cent fois que la beauté.
Envain de ce portrait j'ay cherché le modele ;
Je croyois qu'un beau fonge avoit féduit mon cœur :
        Mais je vous vis : je connus mon vainqueur ;
Je fentis expirer ma liberté rebelle :
Je ne vous offre point une nouvelle ardeur ,
Avant que de vous voir, je vous étois fidelle. *

DERCYLIS.

Nos entretiens brilloient jufqu'à ce jour
        D'une legereté charmante :
C'eft un ton ferieux que celui de l'amour,
        Et le ferieux m'épouvante.

VALERE.

Sous des traits plus legers, plus vifs, moins ferieux,
Cet amour mille fois a dû frapper vos yeux.
Helas ! vous avez feint de ne me pas entendre :
Un fourire perfide , & des regards diftraits,

* Ante tuos animo vidi quàm lumine vultus.
    Paris Helenæ.   *Heroid. Ovid.*

Que je cherchois toujours fans les fixer jamais,
Ont été le feul prix d'une flâme fi tendre.

DERCYLIS.

Mon courroux vous plairoit-il mieux ?

VALERE.

J'aurois pour le flechir, les foupirs, & les larmes.

DERCYLIS.

Je ne veux point caufer d'allarmes.

VALERE.

Appaifez-les en recevant mes vœux.

DERCYLIS, à part.

Que je me fais de violence !

VALERE.

Ah ! Je n'en doute point : vous fouffrez à me voir.

DERCYLIS.

Je me verray contrainte à fuir votre préfence.

VALERE.

Non, jouiffez plûtôt de tout mon defefpoir.

DERCYLIS.

Je vous l'avois prédit : la fatale tendreffe
Répand dans les efprits la langueur, la trifteffe :
Ah ! Prévenons l'ennuy qui nous faifit tous deux :
Courons aux bords du Tibre, où le peuple s'empreffe,
A leurs clameurs allons joindre nos vœux.

SCENE V.
VALERE.

Elle me fuit : un vain plaisir l'entraîne…
Elle rit de mes feux, l'Ingrate, l'Inhumaine…
Une Esclave se plaît à me desesperer,
Tandis que l'Univers n'a point de Souveraine ,
Qui des vœux d'un Romain ne se doive honorer.
Ne puis-je rompre une fatale chaîne ?

L'éternel Enjoüment, qui dissipe son cœur,
Le ferme à la plus tendre ardeur.
Ce charme, helas ! Trop puissant sur mon ame,
Devient en même temps la source de ma flâme,
Et l'obstacle à mon bonheur.

CHŒUR des Peuples, derriere le Theâtre.

Triomphez Etrangere aimable ;
C'est par vous que Venus nous devient favorable.

VALERE.

Qu'entens-je ! Quels transports ? quels cris ?

SCENE VI.
VALERE, MYSIS.

MYSIS.

SEigneur, Rome triomphe, ou plûtôt Dercylis.
On avoit perdu l'esperance ,
On n'entendoit que de tristes clameurs,
Venus étoit insensible à nos pleurs ,
Quand Dercylis vers le Tybre s'avance.

Ah! Déesse , entend-moi pour la premiere fois ,
Que par toi mon bonheur commence!

Elle dit : & Venus semble écouter sa voix.
Son Voile est le seul don qu'elle offre à l'Immortelle;
Il vole , l'air s'agite, on voit fremir les flots,
Le Vaisseau , qu'enchaînoit un funeste repos,
Aux Romains étonnés rend l'Objet de leur zele.

VALERE.

Toy, qui te declares pour elle ,
Tendre Venus, adouci sa fierté :
Peuples , témoins de sa gloire nouvelle.
Ne vous opposez pas à ma felicité.

SCENE

SCENE VII.

VALERE, DERCYLIS, MYSIS, Peuples.

CHŒUR.

Triomphez Etrangere aimable ,
C'eſt par vous que Venus nous devient favorable :
Ses bienfaits par vos mains vont deſcendre ſur nous;
Les cœurs ſont partagés entre Venus & vous.

VALERE.

Charmante Dercylis , goutez votre victoire ,
Le Tybre deſormais coule pour votre gloire,
    Vous rendez tout un Peuple heureux :
    Seray-je ſeul à répandre des larmes ?
        A l'éclat de ce jour pompeux
D'un triomphe plus beau joignez encor les charmes;
        Couronnez les plus tendres feux ,
        Terminez mes vives allarmes.

DERCYLIS.

    Venus à ma reconnoiſſance
    N'a point impoſé de loix :
Et de la liberté, que ce jour me diſpenſe ,
    J'uſeray comme je dois.

VALERE.

Quel eſt donc l'eſpoir qui me reſte ?
                    F

DERCYLIS.

Il ne tient plus qu'à moy de quitter ce séjour.

VALERE.

Quoi , votre liberté me seroit si funeste !

DERCYLIS.

Dois-je oublier les lieux où j'ay reçû le jour ?

VALERE.

C'en est donc fait : vous partirez cruelle ,
Mes soupirs , ma douleur mortelle
Ne peuvent arrêter vos pas :
Non , vous ne fuyez point ce séjour plein d'appas ;
Vous ne fuyez que moy… j'esperois de vous plaire :
Vous refusez ma main , helas !
Faut-il qu'un même jour éclaire
Votre triomphe , & mon trépas ?

DERCYLIS.

Voici l'instant de vous ouvrir mon ame ,
Un Esclave auroit trop avili votre flâme ;
De votre gloire enfin mon cœur étoit jaloux :
Du sort, sans murmurer , j'ai soutenu l'outrage ,
Et quand j'ai fait des vœux pour sortir d'esclavage ,
Mon cœur les a formés moins pour moi que pour
vous.

VALERE.

Qu'entens-je? ô Ciel ! Cent fois daignez me le redire!
Dercylis, quoy, mes feux ont touché votre cœur !
Je suis aimé , je ne respire
Que pour sentir tout mon bonheur.

ENSEMBLE.

Goutons le prix d'une tendresse extrême ;
C'est le seul bien des cœurs , la source des plaisirs:
Les tresors, les grandeurs valent-ils nos soupirs ?
L'Amour, le tendre Amour est le plaisir lui - même.

DERCYLIS.

Vole Amour , lance tes traits ,
Triomphe de nos ames ;
Les instans où tu nous enflâmes ,
Font nos plaisirs les plus parfaits :
Regne dans ces retraites ,
Que nos cœurs à jamais
Y soient l'objet de tes conquêtes.

On danse.

DERCYLIS.

Des cœurs nous banissons
Les soins & les allarmes ,
A peine nous laissons
Ce langage dans nos chansons.
Le plus sincere Amant
Tient au plaisir plutôt qu'à nos charmes ;

L'engagement
Le plus charmant
Cede aux ennuis d'un moment.
Le Dieu qui rend heureux
Doit-il s'annoncer par des larmes ?
Si dans nos yeux
Brillent ſes feux
Ils naiſſent des Ris & des Jeux.
Chantons, danſons,
Nos pas, nos ſons
Du plaiſir ſont des leçons.　　　　*On danſe.*

DERCYLIS.

Loin de nous l'Amour eſt ſans armes,
Il dépoſe ici tous ſes traits ;
Quand il veut regner ſans allarmes
Il n'a recours qu'à nos attraits.

Jeunes cœurs pour de fiers Objets,
Perdez-vous les charmes
De la Paix ?
Les triomphes parfaits
N'ont jamais
Ny larmes
Ny regrets.

Loin de nous, &c.　　　　*On danſe.*

FIN DU BALLET.

LE TEMPLE
DE
GNIDE,
OU
LE PRIX
DE LA BEAUTÉ,
PASTORALE.

Les Paroles de Monsieur * * *

La Musique de feu Monsieur MOURET.

ACTEURS.

VENUS, Mlle Chevalier.

HILAS, *BERGER,* Mr Gelin.

THEMIRE, *BERGERE,* Mlle Davaux.

SUITE DE VENUS.

LES GRACES; LES JEUX & LES PLAISIRS.

BERGERS & BERGERES.

PEUPLES DE GNIDE.

PERSONNAGES DANSANS.

BERGERS & BERGERES.

Mr LYONNOIS.

Mr BEAT, Mlle DUMIRAY.

Mrs Dubois, Bertrin, Trupty, Galodier.
Mlles Couppé, Himblot, Deschamps, Maupin.

LES GRACES.

Mlles VESTRIS, CHEVRIER, MARQUISE.

JEUX ET PLAISIRS.

Mr GAILLINI, Mlle PUVIGNE'E
Mlle LYONNOIS.

Mrs Dubois, Bertrin, Trupty, Galodier.
Mlles Chomar, Grenier, Morel, Camille.

LE TEMPLE DE GNIDE.

SCENE PREMIERE.
THEMIRE.

Non, je n'afpire point au prix de la beauté,
C'eft pour un bien plus doux, Venus, que
je t'implore ;
Je borne ma félicité
A plaire au berger que j'adore.

Je crains que mes foibles attraits
Sur fon cœur ne perdent leur puiffance ;
Exauce les vœux que je fais,

Affure-moi de fa conftance.
Je le vois ce berger ; pour paroitre à fes yeux,
Inftruifons-nous des vœux qu'il vient offrir aux
Dieux.

SCENE II.
HILAS, THEMIRE à l'écart.

HILAS.

DE'effe des Amours, qu'en ce temple on révére,
    Accepte l homage fincere
    Du mortel le plus amoureux.
Themire, tu le fais, eft l'objet qui m'engage;
Quand je fais mon bonheur de vivre dans fes nœuds,
Epargne à mon amour le tourment rigoureux
    De voir jamais fon cœur volage.

THEMIRE, approchant D'HILAS.

Hilas peut-il douter de ma fidelité ?

HILAS.

Quoi ! Par Themire ici, je viens d'être écouté ?

THEMIRE.

Pour m'affurer ton cœur, de la tendre Immortelle
    J'implorois le puiffant fecours.

HILAS.

Je jure de bruler d'une flâmme éternelle.

THEMIRE.

Je jure de t'aimer toujours.

ENSEMBLE.

ENSEMBLE.

Divine Reine des Amours,
Tu vois l'excès de notre zele :
Déeffe , termine mes jours
Si je trahis jamais notre ardeur mutuelle.

HILAS.

J'aperçois déja dans ces lieux
Des plus rares beautés une troupe brillante.
Malgré leurs foins ambitieux,
Themire jouira du deftin glorieux
De voir fa beauté triomphante.

THEMIRE.

Non , le prix n'a rien qui me tente ;
Il me fuffit d'être belle à tes yeux.

HILAS.

De ces jeux folemnels , que la pompe éclatante
Arrête au moins ici tes regards curieux.

on danfe.

SCENE III.

THEMIRE, HILAS, *Bergers & Bergeres.*
CHŒUR.

REgne fur nous , divine Souveraine ,
Au gré de tes défirs difpofe de nos cœurs ,

Le soin de meriter tes charmantes faveurs ,
Du bout de l'univers près de toi nous améne.

SCENE IV.

Le Théâtre change & représente l'intérieur du Temple de Venus : la DÉESSE *y paroît sur son Trône , environnée* DES GRACES , DES PLAISIRS ET DES PEUPLES DE GNIDE ; L'AMOUR *est à ses pieds.*

VENUS, & les Acteurs de la scene précédente.

VENUS.

BEautés qui venez sur ces bords
Préten dre au prix que je dispense,
Vos soupirs, vos vœux, vos transports
Ne seront pas sans récompense.

Faites regner ici vos charmes les plus doux,
    Plaisirs qui volez sur mes traces ;
    Jeunes beautez , unissez-vous aux Graces ;
    Cet honneur n'est permis qu'à vous.

On danse.

VENUS.

    C'en est fait, je vois la mortelle ,
    Qui fixe le choix de Venus.
Themire, en ta faveur je ne balance plus ;
    Graces , couronnez cette belle.

THEMIRE.

Favorable Divinité ,
Je ne mérite point cet heureux avantage.

VENUS.

Moins tu crois mériter le prix de la beauté,
Plus il doit être ton partage.

THEMIRE.

Reine de l'amoureux empire,
Tes faveurs en ce jour surpassent mes souhaits ;
Pourrois-je chanter leurs attraits
Lorsqu'à les ressentir mon cœur ne peut suffire ?

VENUS.

Venez ; à ses attraits vainqueurs,
Peuples que je cheris, rendez un juste hommage.
Que Themire en ce jour reçoive les honneurs
Que vous m'offrez sur ce rivage.

On danse.

SCENE V, *ET DERNIERE.*

THEMIRE, HILAS.

HILAS.

Sur les charmes les plus puissans
Themire emporte la victoire ;
Qu'elle reçoive notre encens,
Et que tout parle de sa gloire.

Gij

LE CHŒUR.

Sur les charmes les plus puiſſans
Themire emporte la victoire;
Quelle reçoive notre encens,
Et que tout parle de ſa gloire.

On danſe.

VENUS alternativement avec les Chœurs.

Aimable delire,
Que l'amour inſpire,
Enchantez nos ſens;
Heureux eſclavage !
Seuls biens que l'uſage
Rend plus ſeduiſans.

LE CHŒUR.

Aimable delire,
Que l'amour inſpire ,
Enchantez nos ſens ;
Heureux eſclavage !
Seuls biens que l'uſage
Rend plus ſeduiſans.

VENUS.

Que les Belles
Soient fidelles
Sans le ſecours des ſermens,
Jamais d'impoſture ,
Qu'une ardeur pure
Toujours aſſure
La foi des Amans.

LE CHŒUR.

Aimable delire,
Que l'amour infpire,
Enchante nos fens;
Heureux efclavage!
Seuls biens que l'ufage
Rend plus feduifans.

VENUS.

Si nos yeux
Allument tes feux,
Sois leur recompenfe;
Amour, fers nos vœux,
Fais-nous cherir ta puiffance,
Regne, fixe ici les jeux.

Aimable delire,
Que l'amour infpire,
Enchantez nos fens;
Heureux efclavage!
Seuls biens que l'ufage
Rend plus feduifans.

CHŒUR.

Aimable delire,
Que l'Amour infpire,
Enchantez nos fens;
Heureux efclavage!
Seuls biens que l'ufage
Rend plus féduifans.

On danfe.

VÉNUS.

Triomphe, Amour, joui de notre hommage,
Tu lances dans ces lieux un trait toujours vainqueur.
Les Dieux n'ont rien dans leur grandeur
Du prix de ton esclavage :
L'Univers leur doit son bonheur,
Celui des Dieux est ton ouvrage.

Triomphe, amour, joui de notre hommage,
Tu lances dans ces lieux un trait toujours vainqueur.

On danse.

FIN.

APPROBATION.

J'AI lû par ordre de Monseigneur le Chancelier, de nouveaux Fragmens ; composés du *Prologue*, & du *Ballet intitulé le Carnaval & la Folie*, de l'Acte de l'Enjoûment dans le Ballet des Graces, & *du Temple de Gnide*, *Pastorale*, A Versailles, ce 15. Février 1756.

DEMONCRIF.